www.ingramcontent.com/pod-product-compliance
Lightning Source LLC
Chambersburg PA
CBHW060855220526
45466CB00003B/1381
* 9 7 8 1 6 5 1 4 2 0 4 7 8 *